Versos en un duelo enamorado

Daniel Renuncio

Versos en un duelo enamorado

Primera edición: 2024

ISBN: 9788410266056
ISBN eBook: 9788410266605

© del texto:
   Daniel Renuncio

© del diseño de esta edición:
   Caligrama, 2024
   www.caligramaeditorial.com
   info@caligramaeditorial.com

Impreso en España – Printed in Spain

Noche ajetreada del alma

Otra noche ajetreada del alma,
no sé lo que te sucede,
pero no hay forma de que estés en calma.

Los malos pensamientos te atormentan,
cámbialos, si es que puedes.
Puedes hacer como que no están
o atrápalos en imaginarias redes.

¡Oh, alma querida!
Debes disfrutar estos días,
no vaya a ser que pierdas la vida,
por lo que te apartarías.

Así que ven a disfrutar de cada minuto
y no dejes pasar el tiempo.
Además de que estar ajetreado no es astuto
y piensa que las malas vivencias se van con el
tiempo.

El día débil

Hoy bien no me he levantado
ya que la noche no ha sido buena.
Me encuentro debilitado,
pero ayer ingerí la cena.

El escribir me resulta complicado
y yo esto no lo puedo soportar.
Ya que no es de mi agrado,
así que voy a probar a descansar.

Pasado un tiempo despierto
con una leve mejoría,
el paso de energía está abierto,
pero todavía ni jugaría.

El motivo de esto me confunde,
aunque hago como que no pasa nada
mientras por mi cuerpo se difunde
una especie de puñalada.

Una extraña puñalada
de motivo desconocido,
pero dejándome el alma morada
tras el hecho sucedido.

La amargura del fracaso

Me siento un fracasado de esta vida terrenal.
No sé hacia dónde nado,
pero todo es infernal.
No me sale nada bien
sino al contrario
y me duele la sien.
Es un ciclo diario,
intento disfrutar,
pero no lo consigo.
Lo que hago es empeorar
fabricando mi castigo.
No tengo casi virtudes
y tengo duros defectos.
A cuantiosas multitudes
que manipulan mis afectos.
Soy fácil de manipular
y no tengo las ideas claras.
De ahí que vea circular
lo que dicen de mis costumbres raras.

En fin que no disfruto
con nada de lo que hago.
Por lo que estoy muy a disgusto
y así es como lo pago.

pensamientos del sueño

No consigo dormirme,
será porque tengo la mente ocupada
y yo no sé irme
allá donde esté atrapada.

¿A qué se debe tanto pensamiento?
Será de nervios,
puede que sea de agotamiento,
pero no algo fríos.

Sea por lo que sea estoy en vela,
por lo que voy a intentar recordar
aquellos pensamientos que el sueño hiela
para así poderlos mandar.

Tal vez esto funcione
y que todo salga correcto.
O puede que se desmorone
y toda la noche siga despierto.

Lo que sé es que hay que arriesgar
y comprobar así el resultado.
Tal vez puedas ganar
o puede que hayas fracasado.

Emociones en sueños

No consigo soñar
con algo positivo,
por más que intento arañar
algo receptivo.

Tanto cuesta un sueño
relacionado con la medicina
o que soy un dueño
de una fábrica de gelatina.

Suelen ser sueños tardíos
y además negativos,
producto de martirios
de hechos acontecidos.

Suelen ser pesadillas
como que hay secuestradores
que te atan en unas sillas
en calles de los alrededores.

La cuestión es que la solución
varía según la emoción,
dependiendo de si es atractivo
o más bien negativo.

Aquello de lo inalcanzable

Si yo pudiese alcanzarte,
lo haría sin dudar,
haría una obra de arte
para poderte la regalar.

Así a lo mejor pensarías,
si conmigo quisieras estar,
a mí me harías gozar
y mucho poder me prestarías.

Pero por qué tan inalcanzable
no ves que me haces sentir miserable,
quedándome aquí aturdido
en el fuego en el que ya he ardido.

Así que no me prives de eso
que rápidamente hace mis días pasar,
contigo en el día me vuelvo travieso
y a la noche me haces descansar.

A la espera

Otro día más me tengo que pinchar,
cuánta cantidad de sufrimiento
ya que mis problemas me hace recordar
y la verdad es que no te miento.

Cuando parece que el día va mejor,
el hecho de que me tenga que tratar
me lo convierte en peor
ya que mi alma me vuelve a matar.

El problema no es solo eso
y es que cura mi dolor no tiene,
por lo que me vuelvo a sentir preso
y mi felicidad se detiene.

El único consuelo que recibo
es que el tiempo pasa
y la medicina no es algo primitivo,
así que el tratamiento no se atrasa.

La investigación de cura no se detiene,
lo único que se trata de algo misterioso,
pero mucho no faltará para que se estrene,
por lo que me siento orgulloso.

Abandono o esperanza

Si tú supieras lo que se siente
cuando quiero salir adelante
y como estoy de impotente
al ver que no diriges tu mente.

Esto me hace abandonar
las ganas de disfrutar
porque paso de batallar
en algo en lo que no voy a ganar.

Solo hay una razón
por la que te estoy diciendo esto
y es que no tengo ningún resto
de este valiente corazón.

La única esperanza que tendría
es que empezase a divertirme,
alguna cosa bien me saldría
y yo a lo malo no tendría que irme.

Así que si quiero reír
lo malo he de olvidar,
empezar a sonreír
y ese día recordar.

Aquel sentimiento

Yo ahora siento
que corre por mi mente
ese sentimiento
de querer verte inmediatamente.

Recuerdo aquellos días
de ese sufrimiento
de aquellas noches frías
por no formar ese cimiento.

Ese cimiento de ilusión
en la que hay caricias y risas
producto de la pasión
cuando compartíamos sonrisas.

Pero el día a día pasa
y estoy perdiendo el asa
de seguir con la ilusión
porque ya no hay emoción.

Para que esto resurgiese,
la mala relación que tenemos
debería disolverse
y volver a coger los remos.

En qué día te tuve que ver

Yo no lo entiendo,
por qué te tuve que conocer,
no ves que no estoy viviendo
y lamentable me haces perecer.
Aquel mes de agosto
en un día cualquiera
me diste ese disgusto
y va a ser imposible que te quiera.
Sabes que no disfruto contigo,
pero aun así no te separas
y yo con la misma idea sigo
de que al verte es como si me mataras
cuando te cansaras.
No ves que eres una mina,
cada día me demuestras distintas caras
y el tiempo camina.
El día que me separe de tu presencia
sin palabras me quedaré
y mi cara mostrará la esencia

de la felicidad que lograré.
Porque cuando me quedé sin ver
lo que yo no sabía
es que te acababa de conocer,
sino que una fiebre había
me haces pasarlo mal,
me generas ataques de ansiedad
como si hubiese ingerido sal
en una excesiva cantidad.
Cuando recupero la visión,
la clase acaba de tocar
poniéndome la misión
de tenerla que recuperar.
Tras lo sucedido me pongo a trabajar
y la vista tregua parece que me va a dar,
un nuevo problema haces resucitar
y es que la mano dormida y dolorida se me va a
quedar.
Recurro a andar para tranquilizarme,
pero otro problema haces surgir
y es que ahora de la espalda me toca sufrir,
por lo que me obliga a pararme.
En conclusión estoy maldecido,
cuando abandono un síntoma me sale otro
y es que a ti te he conocido
y aun así sigo resistiendo y mostrándote el rostro.

Desde que estás encima

Desde que te tengo encima
no doy para disgustos,
es como si hicieses esgrima
contra unos arbustos.
Al principio me defendías
de una forma increíble,
no tenías cobardías
y me resultabas asequible.
Luego te confiabas
y algo aceptabas,
pero me seguías defendiendo,
por lo que nos seguíamos riendo.
Pero de repente
tuvimos una discusión,
me quedé sin verte
con la misma ilusión.
Desde ese día
no me dejas hacer ejercicio
debido a que es un sacrificio

y no sabes lo que fastidia.
No te basta con eso,
sino que me tienes preso
de mis capacidades
y mis cualidades.
Si la relación
la arreglamos,
tendríamos la satisfacción
de poder ayudarnos.

Sufrir y perder

Sufrimiento en la tripa.
Sufrimiento en el muslo.
Sufrimiento en el brazo.
Sufrimiento te llamo.

Sufrimiento de por vida.
Sufrimiento cada hora.
Cada vez que me acuerdo
me das y das miedo.

Miedo al dolor
que tengo en el interior
debido a un error
que me hace sentir perdedor.

Perdedor de la ilusión.
Perdedor de la diversión.
Perdedor de la pasión.
Perdedor de la motivación.

Todo esto se debe
a que estás conmigo
y por lo que haces no quieres
que yo sea tu amigo.

Camino oscuro

Caminante no hay camino
ya que si acabas de empezar
no vas a encontrar destino
aunque lo busques sin parar.
Son todos engañosos,
uno largo otro corto,
pero todos los vas a encontrar rocosos
y te van a acabar volviendo harto.
Al principio eliges uno
y lo puedes encontrar limpio,
pero te va a ocurrir
que las rocas vas a percibir.
Decides seleccionar otro,
te vas a encontrar con las mismas,
vas a llegar a un sitio oscuro
y te vas a perder por las esquinas.
Aunque haya tramos tranquilos,
siempre te va a surgir
que va a haber rocas bajo los oscuros pinos

y vas a querer huir.
Huir de aquel insufrible sitio,
pero va a ser un martirio
ya que has quedado atrapado
bajo la engañosa sonrisa del camino cerrado.
Llegado a ese punto te arrepentirás
de haber emprendido la travesía
de la que creías que iba a haber alegría
y no numerosas agonías.

Mi fiel amigo

Hoy he dormido
junto a un buen amigo,
como Joe es conocido
y lo quiero pero no lo sigo.

Pasamos juntos buenos ratos
y el tiempo pasa volando,
y él pega saltos
para decirme que esto va pasando.

Salimos a la calle
y lo solemos pasar bien,
me gusta que la cuerda raye
y que la pelota coja también.

A veces pasamos algún malo momento
ya que a veces no nos entendemos,
lo que a mí me parece malo a él le resulta perfecto
y a respetar ese tipo de gustos no aprendemos.

Pero la cuestión es que como amigos
esas cosas las arreglamos,
entre nosotros no hay castigos
y hasta la luna juntos volamos.

Ánimo de salud

A todos nos llega el momento
de tener sufrimiento
y mal rato pasar
por algo incubar.

Una dura patología
que consta de una fisiología,
que tiene energía,
que a veces incluye cirugía.

Esto te destruye psicológicamente,
te amarga anímicamente,
te hunde moralmente,
te degrada fisiológicamente.

Por lo que necesita de ayuda
para combatir su enfermedad
y que no tenga ninguna duda
en cuestiones de sanidad.

Así que si a alguien necesitado
tus apoyos has mandado,
a su patología has arrollado
y su ánimo has mejorado.

Consecuencias de la vida

Esta vida no es un simple juego de cartas
ya que te muestra diferentes caras,
pensamientos idealistas y realistas
y si no los diferencias muchos golpes recibirás.

Aquellos pensamientos idealistas
te encierran en un mundo que no es real,
no vas a tener pensamientos pesimistas
ya que estás en tu mundo ideal.

De aquel lugar debes salir
ya que no estás de verdad
y cuanto más tiempo estés más vas a sufrir
y a lo mejor tienes ansiedad.

Porque cuando ves la realidad
no es de tu agrado
ya que el mundo es una falsedad
y lo bueno se vuelve censurado.

En cambio si los tienes realistas,
vas a ver el momento
y recibes golpes pero encuentras pistas
para que estés contento.

Sucesos

Qué pasará por la cabeza,
aquellos pensamientos que van por autovías,
no se trata de una simpleza
porque si no el sueño no apartarías.

Esto me provoca una impotencia
de querer saber la razón y no encontrarla,
no sé por dónde empezar a localizarla
y los horarios de sueño son una urgencia.

Porque un buen rendimiento
depende de cómo has descansado,
si en el sueño has fracasado,
tendrás agotamiento.

No es solo eso,
sino que te tiene preso
de una actitud receptiva
y una salud positiva.

Por lo que el sueño
hay que intentar conciliar,
volverte de él dueño
y esa mala impotencia ignorar.

Mundo cruel

Este mundo es un valle de lágrimas.
Valle de lágrimas me dicen.
Lo dicen las personas que han sido víctimas
que no han conseguido que sus problemas
finalicen.
Lágrimas debido a esta sociedad
que te maltrata sin piedad,
no es por poder caerte,
sino por en un espejo poder verte.
Este mundo genera rabia
Ya que sus lados buenos se ocultan
Y aunque seas gente sabia
esperas a ver cuándo te sepultan.
Dicen que el buen lado es el amor,
pero suele ser dueño el dinero,
esto causa pavor
porque no sabes si sinceramente te dice «te
quiero».
También está la oscura mentira

mostrando su lado oculto
cuando el emisor te suspira
suele ser que de forma abstracta te lance ese
insulto.
Y lo peor de este mundo
son aquellas guerras,
en lo que pienso por qué se hacen,
me confundo.
Ya que es por ocupar otras tierras
en vez de ayudarnos,
nosotros nos peleamos,
dicen que somos los animales más listos,
pero en estos motivos demostramos
que somos los más tontos.

Fines del mundo

Por qué estamos en este mundo
si lo único que hacemos es sufrir,
cuando busco el objetivo me confundo
y me lamento por no poder huir.
Cuando intentas hacer algo fracasas,
no consigues encontrar la meta,
cuando lo piensas te abrasas,
como si te hicieses un esguince siendo atleta.
El amor genera malas sensaciones
cuando no eres de él dueño
tristeza, odio, rencor suelen ser las emociones
a pesar de que con ella pongas empeño.
Estamos aquí solo para nada
ya que pensamos en el otro lado
la inmortalidad es de cuento de hada
por lo que ese tema queda zanjado.
La cuestión de la religión
solo genera extrañas preguntas
ya que no sabes si hay algo en otra región

y si verás a las personas difuntas.
La cuestión es que de paso estamos
sin tener finalidad alguna,
pocas veces la ayuda los demás prestamos
y solo lloramos bajo la luna.

Si tú lo supieses

Te estoy escribiendo esto
porque no deja de ser un gesto
de este amor honesto
del que no quiero que quede ningún resto.
Yo por ti me muero
cuando te veo en la piscina
mi cabeza haces estallar,
haciendo esa sonrisa tan repentina
que hacen que mis ojos empiecen a brillar,
para que luego digan que no te quiero,
pero sé que yo no te correspondo,
pero tú tampoco te has estado fijando
en que cuando te miro respiro profundo
porque contigo no querría perder ningún
segundo.
Yo claro que la amo,
cómo para no amarla a ella,
si es como un maravilloso ramo
de una flor muy bella.

Por eso si estuvieses conmigo
no dejaría de abrazarte,
pero por desgracia apenas soy tu amigo
y me tengo que conformar con mirarte.
Así son las cosas del amor,
que cuando va bien las degustas,
pero si no te causa un dolor
porque de sus besos no disfrutas.

Tormenta en el corazón

Intento hablar contigo,
pero no me respondes
por lo que me intrigo
porque de mí te escondes.
Cuando nos vemos cara a cara
el aire sopla frío,
es una situación rara
por lo que mi corazón está en un lío.
Hay una tormenta en el corazón,
tanto llueve que a veces es un río
que lleva un cauce de emoción,
pero con un caudal frío.
No sé por dónde buscarte
cuando la situación se presenta clara,
el corazón se muestra aparte
porque del agua no se aclara.
Si el clima es más bien oscuro,
ya ni se intenta
porque su respuesta puede ser algo duro

y la recuperación sería lenta.
Mi corazón es un temporal
que suele ser más oscuro
por lo que resulta brutal
fabricar bien mi futuro.

Montaña de la vida

Por mucho que intentas tu objetivo
el resultado no se obtiene
ya que el progreso se detiene
imposibilitando seguir vivo.
Cuando hay tranquilidad
el resultado parece que es facilidad,
fácil de lograr
y que no se va a hacer de rogar.
Esto se vuelve cuesta arriba,
pero luego se queda donde estaba,
es una montaña atractiva
ya que no ves donde acaba.
Cuando menos te lo piensas
ves un precipicio,
caes cuando ves las cosas tensas
teniendo que empezar del principio.
Como antes he mencionado,
la vida es una montaña
que no tiene final señalado,

pero cada tramo ya te engaña.
En esa misma montaña
te encuentras numerosas rocas
que te provocan una migraña
porque tú con ellas chocas.
El camino puede tener valles,
esto te va a desorientar
porque del camino vas a perder los detalles
y el punto correcto no lo vas a encontrar.
Los caminos limpios
es algo imposible,
ya que esta vida tiene baches, claros y precipicios
y si no su asco o su gracia no sería visible.

Sensaciones

Aceleración, dificultad, frialdad.
Miedo, inseguridad, imposibilidad.
Irritación, náuseas, temor.
Inapetencia, tensión, pavor.

Intranquilidad, saciedad, insomnio.
Sueño, comportamiento de demonio.
Cuerpo muerto, gases.
Indigestión, paranoicas frases.

Huir corriendo hacia la calle,
ocultarla bajo sonrisas,
sin dejarte ningún detalle.

Es un problema que esto no se acabe,
vivir bajo dominio de pastillas,
esto es ansiedad, quien lo probó lo sabe.

Negra situación del mundo

¿Por qué tanta guerra?
¿Por qué tanta batalla?
¿Por qué este poema no se cierra?
Porque todo se solucione con una simple medalla.
Qué les importa los corazones
de aquella gente aislada.
A los atacantes no les importan sus inocentes
opiniones
cuando ven la ocasión acertada.
Ocasión acertada para un fin,
para matar, hacer sufrir,
para destruir
y todo por estar borrachín.
Borrachos por dinero y mucha codicia,
codicia que no deja trabajar la razón
por lo que no hay astucia
ni tampoco buen corazón.
Un corazón de sentimiento,
de misericordia,

que eviten sufrimiento
y esa innumerable incordia.
Una incordia falsa,
producto de la codicia,
el dinero suele ser la principal causa
que ciega esa astucia.
La codicia es algo irracional
que vino con el ser humano,
es algo muy normal,
pero también lo es echar una mano.
Se puede echar una mano a aquellos que lo
necesitan,
una mano de amistad,
una mano de apoyo,
una mano de felicidad.
Y otra de soy buen amigo tuyo
a aquellos que más lo solicitan,
bien sea por motivos de corrupción
porque los gobernantes a coger dinero se incitan,
o aquellos que tienen guerras en las naciones o la
nación
que la codicia va a ser la dueña de la situación.
Así que porque no ayudar,
para intentar arreglar esto,
o aunque sea para poderte llevar
el orgullo de haber hecho muy buen gesto.

¿Qué nos ocultas?

Vienes de oculta,
nadie se da cuenta de tu presencia,
a uno la vida se le sepulta
porque tú tienes mucha paciencia.
Paciencia para atacar
de forma inoportuna tu víctima va a tener una
carencia,
pero poco a poco esa carencia se va a acusar
llegando a provocar dolencia.
Se acusa de distintas formas
siendo tu consciente
con cada individuo tienes unas normas
por lo que cada uno es diferente.
Tu víctima va a resultar mosqueada,
producto de tu miserable presencia
y eso que no sabe que ha sido la primera envestida
de la que él tiene consciencia.
Cuando te vayan a encontrar

tú más lenta vas a atacar,
pero lo que no sabe es que acaba de empezar
sus dolores extra debidos a su piel trastocar.
La víctima se va a encontrar enojada,
ahí tú ves la oportunidad
de hacer otra jugada
producto de la autoinmunidad.
Otro órgano se va a ver afectado
causándote dolor,
tu ánimo está siendo maltratado
producto de sufrimiento y pavor.
¿Serás una oculta rastrera?
Nos preguntamos todos los afectados.
¿Por qué no nos enseñas tu cara delantera?
Gritamos enojados.
En estos momentos te ríes de nosotros
a carcajadas tras esa zona oculta,
qué tontos que sois vosotros
dices al creer que no somos gente culta.
Lo que tú no sabes
es que sanos y afectados
nos estamos aliando para que acabes
enseñando tus débiles lados.
Una vez que esto ocurra
se investigará la definitiva cura
para que tu presencia no sea vista ni exista
porque tú anteriormente nos diste la pista.

Así que recurrente remitente
y paro permanente
todo se volverá inexistente
porque por fin desaparecerás de la mente.

Blanco o negro

Aquella fortuna,
aquel pesticida,
muy buena conocida
y en ocasiones inoportuna.

Mostrándote distintas caras
tú ves pasar el tiempo,
a veces es algo por lo que nunca te guiarás
y otras tantas un entretenido pasatiempo.

De la noche al día
te cambia todo,
el día anterior todo te fluía.

Y ahora estás en un mal periodo,
solo ves la alegría con esa amiga, la bebida,
malas rachas, momentos inolvidables, blanco o
negro, esto es vida.

Qué debo hacer mal

¿Por qué me haces esto?
¿Por qué me la clavas doblada
y luego no haces el gesto
de estar lastimada?
No es la primera vez que lo haces
y yo aun así te sigo creyendo,
yo te ofrezco las paces
y tú me las niegas riendo.
Con cara de cordero
pero comportamiento de araña,
pareces de mentiras cero,
pero mira cómo engaña.
¿Por qué la tienes conmigo?
¿Acaso me has visto tonto
como para que sea tu amigo
ya tan pronto?
Si esto es correcto,
por qué no me lo dices,
así tiro por el camino correcto

y esquivo tus tenebrosas raíces.
Porque paso de tropezar
por ser un desdichado iluso,
intento desde el principio volver a empezar,
pero la vida solo tiene un uso.

Gran persona, mejor amigo

Persona honorable.
Persona amable.
Persona ardiente.
Persona valiente.

Ilimitada generosidad.
Infinita confianza.
Se te cuenta todo con tranquilidad
y afrontas los días con esperanza.

Eres una única persona,
pero todo un grande,
de hecho por mi cuerpo, tu presencia se expande.

Él nunca me abandona,
como amigo él me ama.
Pablo, así es como se llama.

Primavera alterada

La primavera,
época alterada,
hay alguna gripe severa
y alguna joven enamorada.
Es época de retornos y alteraciones,
se alteran las hormonas
y retornan las golondrinas
con sus hermosas canciones.
Hay alteraciones de temperatura,
las hay de precipitaciones,
retornan las hermosas flores con su suave textura
y se alteran numerosas emociones.
Emociones de felicidad,
emociones veraniegas,
de volver con los colegas
a divertirse por la ciudad.
Con la primavera
hay alteraciones de todo tipo,
son alteraciones de buena nueva duradera

en las que yo no participo.
Yo no participo de acuerdo con la primavera,
sin embargo sí que tengo alteraciones,
alteraciones visuales y de pérdida duradera.
Debido a la temperatura y sus elevaciones,
por lo visto la primavera
es época de alteraciones,
pero son de las que la naturaleza quiera,
aunque nos oculte sus razones.

Joe, ¡otro más!

Gracias a tenerte,
me ayudaste ante la ansiedad a luchar,
me dijiste «Dani no puedes rendirte,
a la ansiedad la hay que ganar».

Gracias a darte abrazos
el miedo y la ansiedad
me la cambiaste por lametazos
enseñándome tu felicidad.

Muchas gracias, mi querido compañero,
amigo es poco, eres más,
no sabes lo que te quiero
porque eres de la familia otro más.

Y con esta breve poesía
te muestro todo mi agradecimiento,
tan solo acabamos de empezar la travesía
y de tu ayuda predispongo en cualquier
momento.

El trío calavera

Más pedradas para la misma persona
y no tiene pinta de que vaya a parar.
Se van cambiando de zona
hasta que conmigo vayan a acabar.
La primera fue ya desde pequeño,
era una parte frágil al frío,
por las noches me interrumpía el sueño
con dolor, fiebre y debilidad. ¡Vaya trío!
Debido a esta sensible zona
más adelante llegó la siguiente,
pero este nuevo mal nunca te abandona
porque contigo está por la mente.
Pero si no fuera por la zona, anteriormente
nombrada
del mal que ahora hablo no sería consciente
porque no habrían investigado esta nueva zona
afectada
que es relacionado con la mente.
Si ya con dos iba fino,

otra nueva pedrada
en mi cuerpo da atino
volviendo a mi alma angustiada.
Dolor y ansiedad
no es suficiente,
falta otra maldad
que es muy reciente.
Causante de picores
para contrarrestarlo hay arañazos
ya que calman esos ardores,
pero a tejido sano también das azotazos
si ya con esto sufres,
además no lo divulgas.
Tan solo es el principio y ya llevas tres
demuestras que a perro flaco, todo son pulgas.
Pero así es la vida,
que mientras alguno está perfecto
otros no se levantan de la misma caída
que se sufre al elaborar nuestros trayectos.

Espíritu de guerrero

A aquellos que la suerte da de lado
y te cansas de dar un estallido
no te tienes que quedar pasmado
aunque te canses de recibir otro sarpullido.
Lo que tienes que hacer
es pelear,
no dejar de crecer
para el ánimo mejorar.
Se puede contra todo,
no hay mal que por bien no venga
ya que en cierto modo
puedes hacer que tu vida no se detenga.
Porque eres un guerrero,
cuando se cae una y otra vez
con las piedras que hay en el sendero
pero al levantarte, tu voluntad saca otro diez.
Porque eres un guerrero,
cuando tienes que cambiar tu estilo de vida
al principio resulta un aguacero

pero te adaptas por no dar la batalla por perdida.
Así que aquellos guerreros anónimos
son todos héroes y ganadores
porque de las situaciones difíciles no huimos,
porque la valentía es de las mejores.

Variaciones

Noche de bochorno,
aviso veraniego,
con ese incordio nocturno
en el que el sueño dice así yo me niego.
Pues no es de extrañar
ya que con tanto calor
al sueño no vas a engañar
aunque al estar en vela, no necesitas despertador.
¿Por qué tantas variaciones
de la temperatura?
Ya no es solo por las diferentes estaciones,
además de ser una diablura,
ahora calor,
ahora frío.
No sabes si es día de frío o de bañador
y la verdad es que no me río
porque con tanta variación
aquella cabeza, tripa y garganta
de bacterias y virus sufre una inundación

y de solo pensarlo a ti ya te espanta.
Así que cuando sucede esto
no sabes si ponerte lo de verano
o mejor lo de invierno para verte más sano,
por lo que te sueles fijar en lo que lleva el resto.
Aunque esto no es del todo efectivo
ya que cada organismo es un mundo,
la verdad es que yo defendiendo soy muy pasivo
por lo que me suelo quedar moribundo.

Juego de contrarios

¿Por qué esta vida
es un juego de contrarios?
Y los que ganan la partida
no son nada ejemplarios.

A aquellos que tenemos
valores morales
todas las piedras nos comemos,
incluso las de tramos fluviales.

Mientras, en otro lado
aquellos que su moral han pisoteado
la vida les ha premiado,
por lo que buena cara ha enseñado.

¿A qué se deben estas diferencias?
Que quienes no lo merecen
no sufren tus consecuencias
mientras los buenos las padecen.

Así de injusta es la vida,
que aunque nadie se lo pida
te enseña que mientras a unos se los premia,
a otros se los castiga.

Oda a la flor del Arlanzón

De pelo castaño
del color del chocolate,
imposible de hacerte daño
y es imposible dejar de amarte.

No es casualidad que tu pelo sea del color del
chocolate,
ya que el chocolate es dulce y delicioso
y al chocolate lo amo como a ti puedo amarte,
por eso, tener esas dos riquezas te hacen el día
glorioso.

Y es que ese dulce sabor del chocolate
lo llevas siempre contigo
y es que eres una verdadera obra de arte,
por lo que no me arrepiento de ser tu amigo.

Posees dulces varios aspectos
como son la voz y la actitud,

esto hace que tengas todos mis respetos
ya que posees más de una virtud.

Si además a esta dulzura
la mezclamos con tu simpatía,
Formamos un alma con gran hermosura,
y yo de ti nunca me alejaría.

Junto a esto se suma que eres amable,
sin olvidarnos de que eres generosa,
a quien lo necesita le echas un cable,
lo que te convierte en una grandiosa.

Y esas grandes cualidades que tienes
las reflejas en tus acciones.
Por esto, muchos amigos obtienes,
con los que estableces grandes conexiones.

Así que ya sabes la suerte que tus amigos han
tenido,
ya que te han conocido,
juntos, grandes diversiones habéis construido
y en los duros momentos os habéis defendido.

De hecho cuando no estás alegre,
tus amigos siempre están contigo,
si estás triste, hacen que ese problema se desintegre
y sé perfectamente lo que te digo.

De hecho, espero que tengas
la suficiente confianza sobre mi persona,
si no la tienes, espero que la obtengas
y que no sea una confianza de las que te abandona.

Y es que quiero que tengas confianza conmigo,
para en los malos momentos poder ayudarte,
aquello que te atormenta si hace falta lo investigo
y desarrollo la cura necesaria para poder alegrarte.

Porque nunca vas a estar sola,
al menos por mi parte,
si estás triste, iremos a ayudarte a ti, bella amapola,
enviando las desgracias a un mundo aparte.

Posees unos ojos muy bellos
que junto con tus gafas los hacen únicos.
No te cansas de fijarte en ellos
y que cuando te miran son de lo más ricos.

Así que, que no me entere yo de que esa ricura
pasa a estar triste,
me provocaría una gran amargura
y para alegrarte te contaría algunos chistes.

Yo te contaré unos chistes,
otros amigos podrán hacer tonterías,
el objetivo es que tus problemas despistes

y así lograr que sonrías.

Por eso quiero decirte
que si alguna vez te he hecho algo,
pues perdón quiero pedirte,
pero hay veces que de mi límite sobresalgo.

De hecho para pedirte perdón
te he realizado este humilde poema,
donde te digo que lo vales un montón
y que aquí estaré para cualquier problema.

Porque aquí mi única finalidad
es verte sonreír,
por eso intentaré hacerte reír
y que tu cuerpo rebose de felicidad.

Así es la mente

Así es la mente,
lugar de pensamientos.
Cada cual es diferente,
por lo que genera desconciertos.

A veces sabes la causa que lo provoca,
en cambio otras veces no sabes de donde procede.
Por la duración, hay veces que rápidamente
desemboca
y otras en loas que la mente le invita a que se
hospede.

Además tiene la cualidad
de que el pensamiento se relaciona con la
emoción,
es gracioso ver cómo cambia tu realidad,
dependiendo de cómo sea tu situación.

De ahí podemos observar
que si el pensamiento es alegre,
vas a tener una emoción de no querer que se
desintegre,
porque es la emoción de disfrutar.

En cambio si tu situación es distinta,
como la de tener un pensamiento pesimista,
la emoción no será como la anterior
ya que ha variado tu situación interior.

Pero se tenga el pensamiento que se tenga,
lo que no hay que hacer es evadirlo,
ya que si a la mente de evadir el pensamiento des
un aviso,
lo que ella va a hacer es que él se mantenga.

Aun así la complejidad de la mente sigue
ya que el pensamiento hace la emoción,
pero el pensamiento a la conducta la consigue,
fabricando así su canción.

Esa canción lo que significa
es la forma de ser del individuo.
Por ejemplo, el de ser un individuo efectivo
o el de un individuo que un buen equipo
formaría.

Ninguna sensibilidad

Un día tú naciste
y yo te tuve que ver,
tú también me viste
y vi lo desagradable que la vida puede ser.

Porque tú no puedes nacer como quieres,
ni tampoco seleccionar dónde,
tampoco las condiciones que prefieres,
ni el tipo de gen que te corresponde.

Y es que tú tuviste que ser un perro
y encima sin estar con cuidado.
La vida debe ser un aguacero
cuando te das cuenta de que te han abandonado.

De ahí tu pobre cuerpo,
vagabundeando sin rumbo fijo,
sin saber dónde está esa madre de la que fuiste
hijo,

ni esa casa en la que viviste durante un tiempo.

Y con esa situación,
intentas buscarte la vida,
adaptándote a la diferente estación
que te provoca más de una caída.

Y es que cada vez hay menos recursos,
por lo que te cuesta más sobrevivir.
Y aunque el hombre ante estos cambios dé
discursos,
a ti nadie te podrá revivir.

Por ello cuando tú me miraste
y yo me fije en ti,
en mi cuerpo sentí
una sensación de que era un desastre.

Desastre por no poder hacer nada,
desastre por no poder ayudarte,
desastre por no saber quién te dejó en la estacada
y de no saber cómo cuidarte.

Esto me generó impotencia
por pensar que el dueño con inocencia
te puso la sentencia
de abandonarte porque no importaba tu
existencia.

De hecho esa impotencia
me generó una frustración,
provocada por los pensamientos
de aquellos que no tienen sentimientos.

Y es que si tienes sentimientos,
por qué te coges un animal
si luego lo abandonas sin escarmientos,
donde veo que no eres sentimental.

Y es que si eres un verdadero sentimental
y no tienes ese pensamiento de culpa
es porque eres alguien de naturaleza brutal.

Pero no por ello te disculpa
ya que aquel animal que has abandonado
su confianza en ti has traicionado.

Además tú al abandonarle
no llegaste a pensar
que es un ser que la naturaleza quiso darle
la oportunidad de una confianza contigo integrar.

Pero tú de tu vida lo expulsaste
y él la vida se tendrá que buscar,
y todo porque de él te cansaste
o porque con él te volviste a enojar.

Pero lo que más me molesta
es que no es solo un único caso,
por eso he intentado hacer este poema como protesta,
aunque resulte un auténtico fracaso.

Pero aunque sea un fracaso
porque haya mentes que en este tema tengan un retraso,
necesitaba escribirlo
porque no era capaz y no sabía cómo decirlo.

Índice